Pouèmo pèr vuei
O quàuquis imajo de noste bèu mounde

Michel Miaille

Pouèmo pèr vuei

Michel Miaille, editour

©Michel Miaille, editour, 2018
michel.miaille@orange.fr
ISBN :979-10-91164-60-3
« Le code de la propriété intellectuelle interdit les copies ou re reproduc-tions destinées à une utilisation collective. Toute représentation ou reproduction intégrale ou partielle faite par quelque procédé que ce soit, sans le consentement de l'auteur ou de ses ayant cause, est illicite et onstitue une contrefaçon, aux termes des articles L.335-2 et suivants du code de la propriété intellectuelle. »

PREFÀCI

La vido vai son pichot trin de vido : un jour fai bèu, l'endeman plòu ; d'ome couron pèr carriero, aquéli pleno de soulèu o de marridige ; d'autre van plan-planet ; d'ùni charron pèr rèn dire, d'àutri carculon e chifron sus li jour, lou tèms que passo, la vido d'aièr, la vido de vuei, aquelo de toustèms, aquelo que fau subi, aquelo que fau chanja. Dins aquéu tèms, chascun es óucupa à soun obro, à si passioun. Deman sara miés, deman tóuti lis ome saran urous. Alor viro que viraras, grando rodo. Sian tóuti qui à te bada.

Ansin, simplamen, coume tout un chascun, ai sourti mon nas e mis iue e ai regarda ; ai escouta lou mounde, oh just un pichot tros, de cop curious, de cop indiferènt. Ai cerca lis endré ounte se debano lou grand jo, dins li vilo o li vilage, li campagno e lis grandi ciéuta ounte chascun cerco sa plaço ; ai vist un pau de tout, un tout pichot pau de tout.

Pièi alor ai degu faire uno chausido dins quélis imajo e n'ai just garda uno cinquanteno sus formo de pouësìo libre. Souvete simplamen que vous ramentaran de souveni, d'imajo de vòsti vido à vous, d'imajo de nòsti vido à nous, fin-finalo, quàuqui tros de vido soun qui que vous espèron. Sente qu'anan passa un bon moumen ensèn. Dins noste mounde de vuei que sèmblo forço i mounde d'à passa tèms quouro un jour fai bèu, quouro un jour plòu.

N'en proufite, à-n-aqueste óucasioun un cop de mai, pèr gramacia Luceto Bernat qu'a bèn vougu lire mi pichòti pouësìo e n'en courreigi li deco, es de dire qu'a agu d'obro ; alor encaro, gramàci.

Michel Miaille

*À Luceto Bernat qu'a bèn vougu courègi mi deco
En tóuti quéli que la parlon o l'escrivon
En tóuti quéli que la fan viéure au siéu
Sus li pountin di tiatre,
Dins li pastouralo, dins li cansoun
En tóuti que l'amon despièi toujour
Elo, nosto bello lengo prouvençalo
De vuei, de deman e de toustèms
Aquéli pichot tablèu de la vido vidanto,
La nostro simplamen*

À LA FIN DE L'ANNADO

Té li vaqui que revènon
Nouvè lou jour de l'an et tout lou sanclame
La vilo pren si bèlli maniero
Amé si lume de tóuti li coulour
Alor li marchand se froton li man
E zóu de manjaio pèr rempli li vèntre
E zóu de campano que van souna
Pamens mau-grat tout
Sèmblo que li tèms an chanja
D'efèt i'a d'ome d'efèt i'a de femo
I'a de jouine e i'a de vièi
Tóutis asseta au sòu la man duberto
Pàuri man de malurous que quiston
Just uno peceto pèr li malurous
Pèr tóuti qu'an ges d'oustau
Aquéli qu'an ges de travai
Un pau mai noumbrous chasco annado
D'ùni poudrien crèire belèu que sian à l'Âge Mejan
Dins quauco court di miracle d'à passa tèms
Que nàni sian en l'an dous milo-des
Dins lou siècle dis ourdinatour
Dins lou tèms que vai trop vite
Dins lou tèms que s'escapo lèu-lèu
Pamens la vido countùnio
E la vilo e lou vilage e la Prouvènço
Noste païs e lou mounde entié
Regardon li lume regardon l'espèr
Dóu tèms qu'uno annado vai s'enana
Dóu tèms qu'uno autro
Plan-plan vai arriba
Té la vaqui deja que mostro soun mourre
Alor mau-grat tout en tóuti
Bono annado tambèn.

À L'INTRADO DE L'ESPITAU

Moun Diéu que de malaut
Dis quaucun
Davans lou grand espitau de la vilo
D'efèt à l'intrado di bastimen
Se vèi un voun-voun qu'èi pas poussible
I'a d'autò que rintron
I'a d'ambulànço que s'envan
I'a de
I'a d'ambulànço que s'envan
I'a de malaut que se vèi que soun de malaut
I'a d'ome que se vèi que soun de doutour
I'a de gènt que marchon coume podon
N'i'a que se fan acoumpagna
I'a de jouine i'a de vièi
I'a de femo amé de blodo blanco
Aquéli de-segur soun d'infiermiero
Se vèson tambèn de pancarto d'en pau pertout
De pancarto amé de noum bijarre
Espitau de jour urgènci
De noum d'especialiste
De noum que soun dificile de dire
De noum de mège couneigu
Couneigu dins la vilo e sis alentour
I'a tambèn li noum di nouvèu
Aquéli que vènon belèu nifla lou soulèu de Prouvènço
Lou soulèu lou cèu blu la calourasso de Prouvènço
Lou paradis que
Mai tout acò empacho pas lou mau
Lou mau e sa sorre la malautié
Que vènon ié faire soun trau
Coume aiours coume à l'autre bout dóu mounde
Coume d'en pertout
Coume despièi toujour
E d'aquéu tèms la vido countùnio
Davans dedins lou grand espitau de la vilo
Davans lou grand espitau de la vido

AU LOTÒ

Li numerò se seguisson
Té aquéu i'a un moumen que l'esperave
Té enfin lou vaqui aquéu que me mancavo
E fai tira e zóu encaro un
S'èro sourti au bon moumen lou dès
Auriéu fa cartoun plen
Se lou trento-cinq èro sourti tout-escat
Auriéu agu la quino
N'i' a que soun countènt
N'i'a que fan la bèbo
Pamens n'i' a ges que plouron
Oh segur que i'a pas dequé
D'autre regardon sa mostro
N'i'a que ziéuton la fenèstro
Un dis que vai plòure
Noun dis un autre sara de nèu
Alor subran me dise
Lou lotò èi coume la vido
Un cop tires lou bon numerò
Un autre cop te fas engarça
Esperaves lou bon numerò
Dins ti pantai dins ti poulìdi niue
Mai acò s'èi pas debana coume l'aviés vougu
Pièi d'àutri cop regardes eilabas
E veses li malur dóu paure mounde
Te dises alor : siéu pas lou plus malurous
E d'aquéu tèms la grando rodo viro
Li chifro passon coume lis annado
Coume li numerò dóu lotò
Té lou cinquanto vèn de sourti
Té lou vinto-cinq èi aqui
E zóu que vire la rodo dóu lotò
E zóu que vire la grando rodo
E zóu que viron li numerò
Au grand lotò de la vido

AU MARCAT DI RAVAN

Au marcat di ravan
I'a un moulounas d'afaire qu'espèron
Qu'espèron dequé quau lou saup
Un curious que voudra bèn li croumpa belèu
En esperant barjacon entre éli
E dequé se dison siouplé
Lou vièi fautuei parlo di quiéu qu'a vist s'asseta sus éu
La vièio casseirolo parlo de la manjaio qu'a fa bouli
I'a un vièi lié que dis qu'éu n'a vist e n'a entendu de causo
Dóu malaut que gemissié au vièi que mourié
En passant pèr lou parèu que fasié gin-gin
I'a tambèn uno taulo qu'elo mai n'a vist
Que n'a vist e entendu
Que n'a talamen entendu
Qu'aro èi sourdo coume un toupin
Qu'aro èi avuglo coume un darboun
I'a meme de bebèi qu'an jamai servi de rèn
Que se trobon aqui d'asard
I'a tambèn de gènt in pinturo
Dins de vièi tablèu passi
Regardon tout ço que se passo
Tóutis aquéli badaire vengu d'en pau pertout
E tóutis ensèn
La tarraio li bebèi li tablèu e tout lou rèsto
Regardon lou mounde que se passejo
E pièi rison plouron barjacon e fin-finalo
Tóutis ensèn regardon lou tèms que s'escapo
Aqui plus liuen vuei o deman
Ounte un moulounas d'afaire espèron
Au marcat di ravan
Au marcat di pantai
Au marcat de toustèms

AU RECITAMEN DE POUËSÌO

Au recitamen de pouësìo
Chascun vèn dire soun istòri
Un recito de pouèmo que parlon d'amour
Un autre vèn charra dóu tèms que s'enfugis
De femo e di pichot que s'envan
Uno damisello recito un pouèmo pèr deman
Un ome que saup tout de-cor
Recito amé de grand gèste di man
Un autre legis soun tèste plan-planet
I'a de jouìni coumedian
N'i'a d'autre forço esperimenta
N'i'a que soun d'amatour
I'a tambèn de proufessiounau counfierma
D'ùni vènon 'qui touti li semano
D'ùni vènon 'qui qu'un cop dins l'an
Lis abitua counèisson forço gènt
Li nouvèu descuerbon aqueste mounde
Dins la salo li gènt escouton
Escouton li mot di pouèto li mot de la vido
N'i'a d'atentiéu e se vèi que soun de couneissour
N'i'a d'espanta e d'esmeraviha
Un fenis de béure soun got en escoutant
Li coumedian aqui sus lou pountin
E plan-planet la niue estiro si lançòu
Dins lou lunchen s'entendon quàuquis autò que passon
Mai lou quartié èi pulèu siau
Alor li mot s'envan dins la niue di pouèto
De mot pèr faire la vido plus bello
De mot pèr parla dóu tèms que s'encour
Alor gramàci en tóuti bràvi gènt
Que passan aqui uno bello niue de bonur
Lou cor dins lis estello
Lou cor dins li pantai
Au recitamen de pouësìo

COUME AU TIATRE

Coume au tiatre
I'a de gènt que courron d'en pertout
I'a de gènt que rison
I'a de gènt que plouron
N'i'a que parton de tóuti li coustat
I'a de couiounas
I'a de malinas
I'a lou femelan de toustèms
I'a de jouvènt amé de damisello
I'a d'ome que se prenon pèr d'ome
I'a de femo que se prenon pèr d'ome
I'a de pichot que se prenon pèr de grand
N'i'a que fan lou mourre
N'i'a que fan la bèbo
N'i'a que rison coume de gros niais
N'i'a que fan rèn
N'i'a que barrulon
Fin-finalo i'a de tout de tout e de tout
Mai digo-me moun brave
Mounte acò se debano
Just davans tu moun ami
Dins ta carriero dins toun quartié dins ta vilo
L'aviés par remarca belèu
Anen duerb un pau lis iue
Lou voun-voun èi permanènt
Un pau coume à l'espetacle
Alor bado que badaras
Bado tant que pourras
Bado e tourno bada
L'espetacle èi sus lou pountin
Pèr carriero e sus li camin
Lou pountin e lou camin de la vido
Un pau coume au tiatre

DEFILA

Tout de-long de la carriero
I'a un long flume de gènt
Tóuti marchon de-coutrìo
I'a 'qui quàuqui vièi de mai de cinquanto an
Aquéli que se rapellon lou poulit mes de mai
Amé si barbarasso d'à passa tèms
De jouvènt nascu de la darriero plueio
I'a tambèn un moulounas de mounde
Que manjon dins li trento o quaranto an
De poulit de marco-mau de bramaire e de mut
I'a 'quéli que bramon pèr sis idèio
I'a 'quéli que bramon pèr soun plesi
I'a 'quéli que bramon sabon pas pèr dequé
Li muraiasso di grands oustau
Escouton de touto soun óutour
Aquéli bestiàri un pau especiau
Se mandon quàuquis uiado
Alor subran tóuti s'arrèston
Tóuti lèvon soun nas eilamoundaut
Regardon li fenèstro emé li balcoun
Se demandon ço que se passo
Li gènt regardon li gènt
Li bastimen regardon d'àutri bastimen
Li gènt regardon lis oustalas
Pièi tóutis ensèn se meton à rire
E subran lou mounde entié ris
Perqué de rire acò ié fai de bèn au mounde
Lou mounde de vuei
Lou mounde d'aièr
Lou mounde de toustèms
Lou mounde que defilo
Dins lou poulit mes de mai
Dins la fresquiero d'ivèr
Tout-de-long de la carriero
Tou-de-long de ta carriero

DINS LA COURT DE L'ESCOLO

Dins la court de l'escolo
I'a touto meno de pichot
N'i'a un que plouro perqué sa maire es partido
N'i'a d'àutre que s'amuson coume de pichot de soun age
Un gaillardas mando de bacèu à-n-un autre
Un pichot soulet dins soun caire regardo li nivo que passon
De-segur qu'aquéu sara un pouèto lou paure
Un s'escound darrié un aubre pèr pissa
Un bramo que n'en pòu plus
Un pichot a que la pèu sus lis os
Un autre es gras coume un pourcachas
Dins la court de l'escolo tambèn
I'a de chatouneto que jogon à la mama
De chatouneto que se chamaion
D'àutro qu'an l'èr d'èstre bèn braveto
N'i'a tambèn que se vèi que saran de sartan
Dins la court de l'escolo
I'a de pichot que soun tout negre
N'i'a qu'an uno tèsto di péu bloundas
N'i'a de mascara que si parènt vènon
Quau saup de l'autre coustat dóu mounde
Mescla 'mé li gènt de la grand vilo
Alor subran quaucun dis
Tóuti 'quéli pichot aqui
Amé si mourre de pichot
Si bòni caro de pichot
Dequé devendran plus tard
Dequé sara facho sa vido
Dequé lis espèro
Quaucun se dis tout acò en li vesènt tóuti
Tóuti acampa 'qui
Coume un poulit troupelas que vèn de naisse
Li pichot de toustèms
Tóutis ensèn
Dins la court de l'escolo

DINS LI CARRIERO

Que de mounde que de mounde
Que de gènt dins ma carriero
I'a de jouine que barjacon e que rison
I'a de chato que boulegon soun tafanàri
Pèr que tóuti lou vegon bèn
I'a d'ome qu'an l'èr forço preissa
Segur que i'a d'obro que dèu lis espera
I'a tambèn de femo amé de pichot
De pichot que plourinejon o que rison éli tambèn
En pensant à l'escolo que lis espèro
I'a quàuqui memèi amé si marrit sa
Si vièi sa plen de souveni mai vueje de dardeno
I'a de gènt asseta à la terrasso di cafè
Que bevon soun got à pichòti goulado
N'i a d'autre qu'espinchon lou femelan que passo
E qu'ié mandon de poulìdis uiado
N'i'a que bramon après lis autò
N'i'a que bramon après lou mounde entié
E dins ma carriero i'a tambèn
Lou vènt lou soulèu e li nivo tout en aut
Que regardon tout aquéu bèu mounde
Dison rèn mai n'en pènson pas mens
E tout lou mounde li gènt li nivo lou soulèu
Chascun vai soun camin
Dins ma carriero à iéu
Coume dins ta carriero à tu
Coume dins tóuti li carriero
Li carriero dóu mounde

ÈRO BÈN

Aro tout lou mounde èi parti
Me vaqui subran bèn soulet
Dins aqueste vièi cementàri
Dóu vilage di souveni
Alor aqui souto lou cros
Dins la frejour d'aquesto mort
Que me prenguè i'a quàuqui jour
Entènde subran tant de brut
E me dise alor qu'èro bèn
Èro bèn la calour d'estiéu
Lou tèms benesi di meissoun
Èro bèn lou fres dis ivèr
Quand caufavon li chaminèio
Èro bèn lou caud d'uno femo
E tóuti li moumen ensèn
Quand fasié bèu dins noste lié
Meme quand nous charpinavian
Èro bèn lou tèms di pichot
Li bolo de la dóu matin
Avans de parti vers l'escolo
Pièi èron bèn tant d'àutri causo
Lou din-din de noste vièi clouquié
Noste fatour tóuti li jour
Meme mi marrit mau d'esquino
Mi pàuris iue que vesien plus
Èro bèn lou tèms di garrouio
Èro bèn lou tèms enana
Li jour de vuei o de deman
Tout èro bèn tout èro bèn
E pièi basto ié fau plus pensa
Assajen de dourmi lèu-lèu
Mai que couiounas que siéu
Ai l'eternita davans iéu
Mai vous lou dise encaro un cop
Èro bèn èro bèn

LA FRESQUIERO

Té la vaqui revengudo
La fresquiero dóu matin
Aquelo que pessugo lou nas e lis auriho
Alor de-segur que lou marrit tèms
Vai s'en veni lèu-lèu
Lou bisas que boufo
La nèu que vai toumba
Li raumas que van veni
E tout lou sanclame
Amé li mes
De nouvèmbre de désèmbre de janvié
E tout lou tron de pas Diéu
Mai n'avèn l'abitudo
E pièi dóu soulèu n'avèn-ti pas noste proun
À la fin de l'estiéu
La fin di gràndi calour
Mai quelo marrido fre nous en sarian passa forço bèn pamens
Té rèn que d'ié pensa n'en siéu deja tout estransina
Barrula sus lou verglas
Travaia abiha coume quatre
Aluma lou fiò tre lou leva dóu jour
Ansin parlavo un vièi armana dins lou pichot matin
En traversant soun vièi vilage
Mai quouro passè à coustat dóu cementàri
Ounte li pàuri mort avien tout lou tèms fre
Subran diguè dins sa barbeto
Fai belèu fre mai fin-finalo
Sian pas trop mau sus aquesto terro
E 'quelo bisasso que boufo
Espère la senti encaro proun de tèms
Aquelo marrido fresquiero dóu matin
Té la vaqui revengudo
E pessugo que pessugaras
Fai toun mestié de fresquiero
Bravo fresquiero dóu matin

La MARRIDO FRE

Lamarrido fre d'ivèr me pessugo
E quéu marrit gusas de bisas me cour après
Ai li man li man e tout lou rèsto coumpletamen jala
Lou termoumètre èi encaro descendu un pau plus bas
Malurous ome que sian tóuti 'qui counglaça
Deman valènt-à-dire dins quàuqui mes
Saren tóuti qui souto lou grand soulèu d'estiéu
Bagnaren la camiso souto lou mes d'avoust
O couquinassas de sort rèn que de ié pensa
Té n'en siéu coumpletamen treboula
Aièr e me lou rapelle forço bèn
Toumbè de plueio tout de long de la journado
Qunte marrit tèms èi-ti poussible un afaire ansin
Li carriero li routo tout èro inounda
Dins la marrido sesoun tout part en aigo
Mai vau vous dire uno causo
Fai tambèn plesi de barrula o de travaia
Souto lou grand souleias de juliet
Que s'arrèsto pas de dardaia coume un malaut
Fai tambèn plesi d'ana e veni souto li gouto de plueio
La plueio dóu mes de mars o de l'autouno
Quand li nivo mandon si lagremo d'aigo
Perqué quouro supourtas tout acò
Èi que sias bèn vivènt e 'cò d'èstre vivènt
Poudèn bèn lou tourna dire un cop de mai
Èi encaro la plus grando richesso sus la terro
Mai dóu tèms que dise tout acò
La marrido fre d'ivèr elo countùnio de me pessuga
Aquelo marrido garço
Aquelo marrido fre que fai soun travai de fre

LA NÈU

Té l'avien bèn previsto
Li journau la telé li vesin e tout lou mounde
Anavo toumba de nèu
Té 'queste cop ié sian
Touto la Prouvènço èi en blanc
Tron de disque qunto souspresso
E demai i'a lou marrit bisas
Quéu bisas que boufo tant que pòu
E boufo que boufaras
I'a de coungèro dins li campas
I'a de camiounas que podon plus roula
I'a d'autò en travers sus l'autorouto
I'a de trin que podon plus avança
I'a quàuqui pàuri bèsti que barrulon dins li prat
I'a d'aucèu que cercon de manjaio
I'a de branco suscargado que coumençon de plega
Mai i'a tambèn de pichot que s'amuson
Imaginas un pau : de nèu
S'èro pas vist 'cò despièi d'annado
Alor li gènt dóu nord li gènt di mountagno
Tóuti lis abitua rison d'un èr malicious
Segur qu'acò li fai rire
De Prouvençau dins la nèu
De Prouvençau dins la garrouio
Anen chascun soun tour
Un jour lou soulèu un jour la plueio
Un jour la chavano un jour la calourasso
Quau pòu lou saupre d'avanço
Ansin vai la vido ansin passo lou tèms
Coume l'avien bèn di
Li journau la telé e tout lou mounde
Té de nèu n'en vos n'en vaqui
E se n'en vos pas acò's parié
L'avien bèn previst pamens
Tout lou mounde li vesin e li journau

LA RATAMIAULO

I'a uno meno de bestiàri sournaru
Que s'escound dins ma cavo
A de gràndi dènt un péu tout negre
A n-uno grando barjo
E manjo tout ço que passo à sa pourtado
En particulié li pichots enfant
Qu'escouton pas si parènt
Qu'escouton pas la mestresso d'escolo
Èi escoundudo aqui pas forço liuen
E se siés pas brave vai veni lèu-lèu
Subran me rapelle aquéli mot d'à passa tèms
Dóu tèms qu'ère pichot
Dóu tèms di meissoun à l'anciano
Dóu tèms di vièii vendèmi
Subran me sèmblo qu'acò èro i'a milo an
D'un tèms que li jouine podon pas counèisse
Alor m'avance plan-planet
Vers la vièio cavo
La vièio cavo que me fasié tant pòu
Ounte s'escoundié la Ratamiaulo
Regarde de tóuti li coustat
Dins li caire sourne
Mai cerco que cercaras
Pus ges de Ratamiaulo
Plus ges d'enfànço
Plus que de souveni
De souveni que s'esvalisson
Un pau mai tóuti li jour
E tout à-n-un cop ié dise :
Ma pauro Ratamiaulo
Quau se ramentara de tu un jour
Quau se ramentara de iéu un jour
Mai degun me respond
E subran me manco
Elo ma vièio Ratamiaulo

LA VIÈIO FEMO EMÉ SI CAT

Tóuti li matin la vese 'qui
Vèn amé si tros de pan
Vèn emé un pau de la
Vèn emé un pau de tendresso
Fin-finalo amé un pau de tout ço que fau
Pèr faire manja li cat
Li marrit cat perdu
Que barrulon tout lou jour
Lou jour amé la niue
Cercant que que siegue pèr pas creba de fam
Alor elo es aqui
Li counèis tóuti amé si pichot noum
Perqué i'a baia de noum
De noum coume pèr de pichot
De pichot que vènon que grandisson e pièi s'envan
S'envan forço plus liuen viéure sa vido
Sa vido qu'un jour li fara vièi
Alor belèu qu'elo pènso à d'enfant
Li siéu que soun parti
Li siéu que soun jamai nascu
Lis enfant di vesin que soun ahissable
Tóuti lis enfant dóu mounde
Tóuti lis enfant de la terro
Pièi au bout d'un moumen
La vièio s'envai
S'envai dins soun oustau
Retrouba n'en siéu segur
De cat dins si pantai
E iéu sabe que deman
La retroubarai mai 'qui
La vièio femo amé si cat
La vièio femo amé si souveni
La vièio femo touto souleto sus la terro

LI MARRÌDI GARROUIO DE TOUSTÈMS

Dins l'oustau d'à coustat
I'a un ome e uno femo que se garrouion
E zóu de brama un grand cop
Dins la court de l'escolo i'a d'escoulan
Qu'éli tambèn se mandon quàuqui cop de pèd
E vlan un emplastre e vlan un cop de poung
Dins la carriero d'à coustat i'a dous ome
Alor de li vèire se basseja n'i'a que badon
N'i'a qu'assajon de li separa
N'i'a mai que d'un que passo sènso rèn demanda
Fin-finalo la pouliço arribo e chascun s'esbigno
Dins li burèu d'uno amenistracioun
De secretàri soun en trin de se charpina
D'ùni dison que soun d'afaire de femo
Un pau plus liuen dins li courredou
Soun si chèfe de burèu éli tambèn que se charpinon
Sus la plaço dóu marcat dóu dijòu
Dos marchando de liéume se mandon de pòrri dins la figuro
Se disputon pèr uno placeto
Alor alassa de tóuti quéli garrouio
M'assete à la taulo d'un cafè
Regarde la televisioun que marcho
E dequé i'a à la televisioun
De cop de fusiéu de cop de poung
Garce lou camp deforo dins lou jardin municipau
E dequé vese vese dous pijoun
Dous pijoun que se mandon de cop de bè
Alor rintre à l'oustau mete lou nas davans moun mirau
Pièi tóuti li dous iéu e moun double
Dequé fasèn subran
Nous charpinan pardi
Dóu tèms que dins l'oustau d'à coustat
I'a un ome amé uno femo que s'emplastron
Dins uno d'aquéli marrìdi garrouio
Aquéli marrìdi garrouio de toustèms

LI BAGNOLO

Que de bagnolo que de bagnolo
E roulo que roularas
Amé 'quéli bagnolo
Li bagnolo de la fiero
Li bagnolo sus lou parking
Li bagnolo pèr carriero
Tóuti plus lèsto lis uno que lis autro
Si rodon que viron toujour plus vite
Dequé faire lou tour dóu mounde en rèn de tèms
Dequé ana eilabas eilamoundaut toujour plus liuen
E viro ma bono autò
Amé d'autò que van toujour plus vite
Dins un mounde que vai toujour plus vite
Alor viro que viraras dins queste mounde
E pièi ma bello automobilo
Quouro auras proun vira
Eh bé faras coume lis ome de la terro
Un jour t'arrestaras
Un jour auras fini toun grand barrulage
Prendran ta vièio carcasso
E zóu amé li rambuei
E zóu dins lou vièi cementàri di bagnolo
Alor regardaras passa li novo
Aquéli que vènon d'espeli
Belèu que se trufaran de tu
De tu e de ti marrits èr de vièio bagnolasso pourrido
Alor prouficho-n-en e barrulo que barrularas
Amé ti coupino
Li bagnolo de la fiero
Li bagnolo sus lou parking
Li bagnolo sus l'autorouto
Touti li bagnolo de la terro
Li bagnolo que viron tant que podon
Coume la terro que viro
Tant que pòu vira

LI CHIVAU

Dins un prat davans l'oustau
I'a de chivau que couron
Que couron de tóuti li biais
Lis un davans lis autre
Pièi s'arrèston tout à n-un-cop
E li vaqui que manjon d'erbo
D'erbo bèn fresco bèn verdo
E subran n'i'a que se couchon au sòu
E que se fan de poutoun
N'i'a de blanc n'i a de negre
N'i'a de pichotet e de grandaras
N'i'a que prefèron èstre soulet
N'i'a qu'espèron de mounde
De mounde pèr mounta sus sis esquino
Pèr s'ana barrula pèr li camin dóu païs
Amé de pichot amé de damisello
Amé de gènt de touto meno
Ah ! Sèmblon bèn urous tóuti quéli chivau !
Quéli chivau que couron coume de chivau foui
Alor pènse en d'àutri chivau
Aquéli qu'èspèron dins l'adoubadou
La mort que vai veni lèu-lèu
Pèr faire manja d'àutri bràvi gènt
Pèr ié faire manja de bistec
Que s'en vendran deman
Se permena dins li campas
Sus l'esquino d'àutri bràvi chivau
Li bràvi chivau
Un cop dins li prat
Un cop dins l'adoubadou
Coume tóuti li chivau
Li chivau de toustèms
Qu'an rèn demanda en res
E que couron tant que podon
Dins lou prat davans l'oustau

LI DARDÈNO

Ah ! 'quéli dardèno !
N'en fan faire de causo
De causo e de tour de viro-viro
Li journau la televisioun la radiò
Basto lou mounde e tout lou sanclame
Té un cop de fusiéu pèr aqui
Zóu quàuqui cop de canoun eilabas
Quàuqui pichot mort aqui
Quàuqui plega un pau pus liuen
De garrouio té n'en vos n'en vaqui
D'ome e de femo que se charpinon
Té aqui n'i'a dous aqui n'i'a dous autre
De jouine amé de vièi
D'afaire de cousin de tanto de pepèi e de memèi
D'afaire l'avès coumprés de dardèno
D'afaire n'en sian segur de sòu
De pichot sòu mai tambèn de gros sóu
O grand couquinassas de sort
O qunte grand malur
O paure de iéu mounte soun passa mi sòu
E patin e coufin
Mai qu'acò's forço verai
E viro que viraras tu paure mounde de toustèms
Li dardèno finiran bèn pèr t'encigala
Un ome es en trin de pensa en tout acò
Alor subran tout à-n-un cop
Sort quàuqui bihet d'éurò de sa pocho
Li regardo plan plan
Pièi sort soun briquet
Garço lou fiò i bihet
E regardo la ramihado
Dóu tèms que li dardèno s'envan en tubado
Aquéli marrìdi dardèno que n'en fan faire de causo
De causo e de tour de viro-viro

LI FÈSTO SOUN ACABADO

Té ! la vaqui la nouvello annado !
Sian deja lou vue
Uno semano qu'acò èi fini
Alor plan-planet lou mounde repren sa seguido
N'i'a qu'an l'èr forço escranca
N'i'a que soun coume d'abitudo
N'i'a que fan lou mourre
N'i'a que rison aqueste an coume l'an passa
N'i'a que pènson deja à l'aveni
D'autre qu'amon de parla d'aièr
D'ùni se sènton un pau pus vièi
E regrèton lou bèu tèms de si vint an
D'ùni se sènton trop jouine
Amarien bèn d'èstre coume li grand
Un nenet plourinejo dins soun brès
Un vièi reno dins soun caire
I'a de coumerçant que se froton li man
En coumtant si dardèno
I'a de gènt que pènson is endeman
Un ome dis que tout chanjo trop vite
Un autre dis que tout èro miés d'à passa tèms
Uno femo barjaco amé uno autro femo
A l'èr de parla de si pichot
Un regardo lou journau
E subran dis que sian mau parti
Un regardo li nivo e lis aucèu que passon
Un dis que pènso deja i calour d'estiéu
E chascun dis ço que ié passo pèr la tèsto
Ansin vai la vido
Ansin vai 'questo nouvello annado
'Questo nouvello annado que coumenço
Ansin siegue

LI RETRETA

Jogon i boulo
Jogon i carto
Parlon de la plueio
De la plueio e dóu tèms que vai faire
Di pichots enfants que vendran deman
Parlon d'un coulègo qu'es mort la semano passado
D'un vièi cousin devengu un pau gaga
De la femo que fai que rena
E subre-tout de la vido
Aquelo vido de mai en mai coumplicado
Aquéli pàuri jouine qu'an ges de travai
E 'quélis ome pouliti que soun bon qu'amé la lengo
Lis estrangié que soun aqui
Aqui pèr manja lou pan di Francés
Té meme lou tèms vèn metre si garrouio
Un tifoun aqui d'inoundacioun eilabas
La terro que se rescaufo
Li mar que monton
Fin-finalo parlon un pau de tout
De tout e de rèn
Mai parlon jamai d'elo
Elo quelo marrido gusasso
Que vai veni deman un jour amé soun marrit biais
E zóu un de mens
Quau es que vòu un cop de ma daio
Alor tóuti fan semblant de pas la vèire
Fan coume lis estrùci amon miés se tapa lis iue
Alor countùnion de charra
De regarda lou tèms que s'envai
E ié disèn en tóuti
Que lou bonur vous avèngue toujour
Pèr vuei deman e pèr tout l'an
Vous li retreta bràvi gènt d'à passa tèms
Que jougas i boulo que jougas i carto
Dins lou grand jo de la vido

LI TRIN

Dins moun quartié entènde
Touto meno de trin que passon
I'a d'en proumié un marrit trin
Un marrit trin d'à passa tèms
Que s'estrigousso coume pòu
D'ùni ié dison lou Tourtillard
S'esquicho e fai ço que pòu
Pamens n'i'a que dison qu'èi bon que pèr li rambuei
Li rambuei o li touriste coume s'èro la memo causo
Un pau plus liuen i'a la ligno dóu TGV
Aquéu que ié dison lou Trin à grando vitesso
Aquéu as pas lou tèms d'ié mounta dedins
Que siés deja arriba
Miés que l'avioun dison
Dequé faire tout lou tour de l'Éuropo
E dóu mounde en ges de tèms
E lou mounde entié vèn ié bada davans
Un pau plus liuen
I'a lou trin ourdinàri
Aquéu que ié dison TER
Aquéu èi pas uno vièio carno
Ei pas rapide tambèn coume lou TGV
Fin-finalo vai soun trin de brave trin
Alor d'ùni pensaran belèu
Li trin soun coume li gènt
N'i'a que van à cènt à l'ouro
N'i'a que van plan-plan soun pichot camin
N'i'a que van intre li dous
Un cop coume uno fusado
Un cop coume lis ase
Alor bràvi trin tóuti tant que sias
Countinuas vosto obro de trin
Tant que poudès tant que filas
Coume tóuti li bràvi gènt de la terro
Té encaro un que vèn de passa

LIS ESCOULAN

Lis escoulan s'envan
Dins aqueste jour de rintrado
Dins aquéu poulit jour de setèmbre
Quouro l'estiéu fai si darrié badai
Mai dequé van-ti aprendre à l'escolo
Van-ti aprendre li causo que ié serviran jamai
O que ié serviran de-segur que ié serviran belèu
Pèr cerca de travai dins un mounde que chanjo forço
Veran-ti sa plaço au soulèu quouro se lèvo lou matin
O lou marrit bisas de toustèms pèr ié pica lou mourre
Entendran-ti la poulido musiqueto de la vido
Amé si bon moumen e si jour de bonur
O li marrit tarabast e li cop de canoun
Dins l'infèr d'uno marrido guerro
Proufitaran-ti d'uno jouinesso insoucitouso
O chifraran-ti en pensant pèr soun aveni d'un èr dubitatiéu
Saran-ti coume tant de jouine de toustèms
Vitimo dis errour dis ome d'à passa tèms
O proufichous d'un mounde nouvèu
Quau lou saup vuei
Quau lou saupra deman
Pèr lou moumen intron chascun dins sa classo
Chascun amé si pantai chascun amé sis espèr
L'èr insoucitous l'èr forço inquiet
E lis escoulan s'envan d'à cha pau
Dins l'eterno escolo de la vido
Dins aquesto grando classo
Mounte fai bon un jour e marrit l'endeman
Anen zóu intras dounc bràvis escoulan

LIS OME QUE FAN DE MUSICO

Picon sus un tambour
Quouro s'envan à la guerro
Lou cor tout afouga
Graton sus uno quitarro
Pèr declara soun amour
Souto la fenèstro d'uno bello
Dins la bèuta d'uno niue
Jogon de la troumpeto
Dins la fanfaro de soun quartié
Quand defilon li majoureto
Souto lis iue di badaire
Jogon dóu vióuloun
Dins uno grando ourquèstro sinfounico
O dins l'ourquèstro de la vido
Pèr faire li jour meiour
S'assèton davans un piano
Se tènon dre davans soun pupitre
S'aplicon coume de bons escoulan
S'esquichon tant que podon
Pèr boufa dins un cor de casso
D'ùni prefèron jouga soulet
D'ùni prefèron jouga tóutis ensèn
Jogon lou dimenche
Jogon un pau tóuti li jour
Ei ansin que lis aman
Ei ansin que lis escoutan
Lis ome que fan de musico
Li bràvi musicaire de la terro

L'OME E LOU MIRAU

L'ome se met davans lou mirau
Se regardo e coumenço de parla
À l'autre que ié ressèmblo
Que ié ressèmblo coume dos gouto d'aigo
Aqui davans lou mirau
As pas vist ta tèsto bougre de nèsci
Toun nas tis iue soun 'quéli d'un ibrougnas
E ti péu dequé sèmblon ti péu
An pas degu senti lou penche despièi de tèms
E tis auriho sèmblon quéli d'un porc
Un mourre ansin ges de femo n'en voudrié
Pos ana te rabiha marrit couiounas que siés
L'endeman l'ome revèn mai davans soun mirau
Mon Diéu que siés poulit pichot
As d'iue 'mé de parpello que petejon
Ti péu sèmblon quéli d'un bèu galant
Ta caro sènt la santa
Ta bouco dèu agué lou pus bèu parla de la terro
Mai aièr m'aviés di…
Aièr èro aièr vuei èi vuei
Alor l'ome s'enfèto
Aganto lou mirau pèr la coua
Lou garço au sòu coume un vièi rambuèi
Lou mirau s'esclapo en milo moussèu
Té ansin saren tranquile
Entendrai plus res ansin
Pamens èi pas un marrit mirau qua vai coumanda
Mai subran un mouloun de gènt soun 'qui
E chascun dis soun coumentàri
E l'ome alor regrèto soun mirau
Soun paure mirau esclapa
Que dira plus jamai rèn
Que veira plus jamai rèn
Qunte malur qunto chanço

L'OME QUE COUR

Dins la carriero i'a un ome que cour
Cour tóuti li matin
Que fague bèu que plòugue
Cour sus la colo
Cour dins li bos
Cour d'en pertout
E boufo
Boufo coume uno alabreno
E pièi quouro a proun courregu
S'arrèsto un moumenet pèr se pausa
Pièi recoumenço e cour e cour e cour encaro
Mai un bèu jour segur que s'arrestara
S'arrestara de courre
Perqué si vièii cambo poudran pus lou pourta
Alor regardara courre lis àutre
Asseta soulet au bord dóu camin
E lis àutri courriran tant que poudran
E pièi un jour l'ome que cour
Escoutara courre lis àutre
Mai li veira pas
Li veira pas dóu founs de soun cros
Quau saup belèu que lis imaginara
E subre-tout que lis envejara
Assajara bèn de parti ém'éli
Mai trop tard
Res lou couneitra plus
Res aura plus besoun d'éu
Alor aro pèr lou moumen
Se n'en douno tant que pòu
E filo coume un rai de soulèu o de lune
L'ome que cour dins la carriero
L'ome que cour sus li camin de la vido

L'OME QUE DESBARJO

Dóu matin enjusquo à la serado
Fau que parle e que parlo
Vai-ié barjaco que barjacaras
Alor dins la journado tout ié passo
D'en proumié de-segur lou gouvernamen
Li menistre lou presidènt lou deputa lou conse
Tóuti 'quéli gènt que soun que de bon-pèr-rèn
Que n'i'a pas un pèr releva l'autre
Que se éu èro au gouvernamen
Acò se gaubejarié pas ansin
Éu metrié tout acò d'aploumb
E pode vous dire qu'acò virarié round
E pièi la famiho sa famiho
Quéli vièi cournachas que repèpion
Que soun bon qu'à parla d'à passa tèms
E de si vèii guerro
E pièi li jouine subre-tout li jouine
Que soun tóuti bon que pèr barrula e pèr fura
Que se éu li prenié en man
Acò se passarié pas ansin pode vous l'assegura
E li travaiaire que travaion plus gaire
Que soun toujour en retard
Que pènson qu'à si RTT
Té n'en garçariéu iéu de RTT
E patin e coufin
Acò's jamai fini
Alor n'i'a que rison dins soun esquino
N'i'a que se garçon d'éu
N'i'a que n'an soun proun mai que soun resigna
Es ansin e deque poudèn ié faire
Alor countùnio
L'ome que desbarjo
E parlo que parlaras
Dóu matin enjusquo à la serado

L'OME QUE TRANTRAIO

Dins la carriero d'à coustat
I'a un ome que trantraio
Trantraio perqué es sadou coume un porc
Aganto li lanterno aganto lis autò
Fin-finalo aganto tout ço que pòu aganta
Desbarjo e dis que que siegue
Alor d'ùni que passon dins la carriero
Rison d'aquéu paure bougre
D'ùni passon lèu-lèu e regardon plus liuen
Subran un ome s'arrèsto e ié demando
À n-aquéu malurous sadoulas
Dequé t'arribo moun brave
Ta femo s'es enanado 'mé lou vesin
As perdu toun travai aièr
Toun paure cors èi escranca de vieounge
Plus res te regardo plus res te parlo
Ti vièi pantai se soun envoula
Sèntes la grando rodo que viro
Que viro tant que pòu sènso tu
Que dins lou cementàri de toun vilage
I'a forço mounde que t'espèro
Anen moun bèu siés pas tout soulet
N'i a de milioun ansin coume tu
Mai subran l'ome duerb sa bouco
Sa vièio bouco de vièi sadoulas
Alor tout à-n-un-cop li malur
Tóuti li malur dóu mounde
S'escapon lis un darrié lis autre
Pèr faire lou tour dóu mounde
Dóu tèms que l'ome sadou s'escrolo
Dins la carriero mounte i'a plus res aro
Dins la carriero d'à coustat

LOU RÈI DÓU PAÏS SÓUVAGE

Au bout d'un long camin
I'a coume un bout dóu mounde
Un pau de fresquiero l'estiéu
Forço nèu e de ventaras l'ivèr
E toujour la soulitudo di séuvo
I'a de bestiàri de-segur
Lou ferun mai tambèn de cabro
De fedo de cabro e de couniéu
E mai de dròli d'animau-bèsti
De caminaire de barrulaire
Amé sa saco sus l'esquino
Aquéli que volon óublida sa marrido vilo
Sa marrido vilo i milo tarabast
I'a tambèn de vilajoun
De vilajoun coume abandouna
Mai d'à cha pau sèmblo
Que i'a belèu coume uno nouvello vido
Pèr d'ùni segur sian dins lou paradis
Pèr d'àutri de-segur sian dins lou païs perdu
Pamens fai bon camina
Just à coustat d'un valat
Just à coustat di grands aubre
E subran li vese
Li vese o pulèu lis imagine
Lou Fernandel lou Rellys lou Preboist
La Fine tout aquéu bèu mounde
E subre-tout éu lou grand
Lou rèi d'aqueste païs
Lou segnour tant simple
L'ami di bèsti l'ami dis ome l'ami de tóuti
Eu lou grand Jan di colo
Éu couneigu d'en pau pertout
Éu lou grand Jan Gionò
Lou rèi dóu païs sóuvage
Dins aqueste bos ounte un autre siècle coumenço

LOU BADAIRE

Lou gouvernamen vèn de chanja
De menistre vènon d'arriba
D'autre s'envan
Dins li carriero i'a un fube de mounde
De mounde nouvèu que vènon d'arriba
De vièi gusas que se tirasson despièi tant de tèms
Dins li carriero i'a tambèn
Li pijoun de l'an passa que soun toujour 'qui
N'i'a d'autre que soun mort escracha pèr quàuquis autò
I'a li mémis aubre tout de long d'un balouard
I'a un marrit aubre que vèn de creba de la malautié
I'a tambèn li mémis autobus
D'autobus que fan li mémi trajiet
N'i a tambèn un que vèn de parti pèr la ferraio
I'a de nivo que sèmblon de nivo
I'a de nivo qua fan riseto à la terro
I'a de nivo qu'an de marrìdi coulour de plueio
E d'en pèr-dessus tout i'a lou soulèu qu'èi quàsi toujour lou meme
E dins la carriero i'a un ome que bado
Badara deman coume vuei quau saup
Badara pus deman perqué belèu sara mort
E 'quéu badaire es iéu
E 'quéu badaire es tu
E 'quéu badaire es toun vesin
Es l'ome de toustèms
L'ome que bado e que s'envai un jour
Vers li camp d'Alis vers lou noun-rèn
Alor bado que badaras l'ami
Bado tant que pos bada
Té lou sabiés pas belèu
Lou gouvernamen vèn de chanja
Mai coume dóu reste te n'en garces
Alor bado tant que pos
Bado que badaras

LOU BARRULAIRE DINS SA TÈSTO

Dins sa tèsto n'a fa de tour
De tour e de bestour
Té la semano passado èro eilabas
À l'autre bout dóu mounde
Dins de païs pas poussible
Ounte res counèis la Prouvènço
I'a quàuqui tèms èro en Africo
Au mitan di croucoudile e dis elefant
Meme que s'es garrouia amé li lioun
Té i'a dous mes d'acò
Parèis qu'èro amé li Péu-Rouge
Dins lis estendudo d'Americo
Amé li chivau e li bióu sóuvage
Aquelo empego que
À ço que se dis tambèn
Aurié vist lou pole nord e lis esquimau
Es ana barrula dins la toundra
Dins la marrido fre
Am'un autre mistralas pire que lou nostre
Parèis tambèn que d'en proumié
A fa lou tour de l'Éuropo
Despièi l'Andalousìo enjusquo la Russìo
Counèis forço mounde à ço que se dis
N'i a que dison mai
Qu'a d'intrado d'en pau pertout
Vers li blanc li negre li jaune li rouge
Li foulastras li malinas li couquinas
Fin-finalo un pau tout lou mounde
Mai iéu l'ai rescountra vuei de bon matin
Sabès-ti ço que m'a di
Qu'èro qu'un pantaiaire
Un barrulaire dins sa tèsto s'amas miés
Un barrulaire que se garço d'aquéli que l'escouton

LOU CHIN BASTARD

Se vèi qu'èi un bastard
Lou marrit chin que japo tant que pòu
Soun péu èi tout negre e tout esbarbaia
A l'èr d'un marrit chin agarrussi
Se vèi qu'ié fan pas sa teleto tóuti li jour
A un paure coulas
Un coulas de chin bastard
Alor lis àutri chin
Li bèu chin bèn poumpouna de la vilo
Que ié passon à coustat
Lou regardon de travès
Sèmblo que tóuti volon lou boufa
Uno chinasso lou fai courre
Dóu tèms que li bèu chin di richas
Courron darrié la chinasso
Fin-finalo quàuqui pichots enfant
Ié passon à coustat
E zóu un bon cop de pèd
Alor lou marrit chin bastard se met à jingoula
E iéu que passavo aqui
Pense en tóuti 'quéli pàuri bougre
Aquéli pàuri bougre uman abastardi
Que n'i a de mai en mai pèr carriero
Pàuris ome que gingoulon
Qu'an ges de travai ges de pan
De-segur ges d'amour e d'amista
E que s'acountènton de japa
De japa o de jingoula
Coume lou marrit chin bastard
Éu que passo pèr li carriero
Éu que se vèi qu'èi un bastard
Lou marrit chin que japo tant que pòu

LOU CHIN QUE JAPO

Dins la carriero d'à coustat
I'a un chin que japo
E zóu japo que japaras
Belèu quau saup sono sa bello
Ié fai saupre ansin soun amour
Belèu qu'èi soun biais à-n-éu
De ié dire que l'apello e que pòu veni
O alor belèu japo perqué èi malaut
Sa cambo sa tèsto o sa coua ié fan mau
Belèu que se fai vièi
Que coumenço de gingoula
Belèu qu'èi forço jouine
Belèu qu'aro lou prus d'ana barrula
Barrula d'en pau pertout
Pèr descubri lou mounde e soun voun-voun
Quau saup n'a un òdi d'èstre estaca
Estaca coume un malurous presounié
Belèu que japo perqué sènt lou printèms qu'arribo
O alor japo perqué la plueio o lou bisas
Van faire soun laid carage
Té vaqui lou mes de mai e si flour
Té vaqui lou marrit ivèr e sa nèu
Belèu tambèn japo perqué lis ome l'óublidon
Qu'an óublida d'ié pourta sa soupo
O alor èro pas proun bono
E zóu que japo
Japo coume un ome que reno
Japo coume un ome que vòu se faire vèire
E subran li gènt se meton à si fenèstro
E fan coume lou chinas
Tóuti lis ome japon
Alor fai un brave brut sus touto la terro
Mai acò's pas nouvèu dis subran lou chin
Lou brave chin que vèn de parla.

LOU FUIETOUN À LA TÉLÉVISIOUN

I'a un moumen que duro
I'a d'annado que duro
I'a d'amour que coumençon
D'autre que s'acabon
Un es amourous d'uno que lou vòu pas
Perqué élo es amourouso
Amourouso d'un autre qu'es deja marida
Mai 'quéu qu'es deja marida
Éu penso à-n-uno autro qu'es liuen eilabas
Eilabas à l'autre bout dóu mounde
Mounte i'a de cèu blu de vago bluio
Alor tout acò fai qu'acò s'arrèsto jamai
E dóu dilun au divèndre
Zóu encaro un cop de mai
Fin-finalo plus res ié coumpren quaucarèn
L'amour lis amour li troumparié
Lou soulèu que brulo lis èime
Lou marrit tèms que fai rena
Li separacioun li recounciliacioun
Li sourrire li bèbo
Li poulit mot dins la bouco dis un
Lou marridige dins la bouco dis autre
Anen lou sabèn tóuti
Despièi de tèms despièi toujour
L'amour acò's quaucarèn de coumplica
Té l'episòdi de vuei vèn de s'acaba
Anen à deman pèr la seguido
La seguido dóu fueitoun à la televisioun

LOU MARCO-MAU

A un drole d'èr aquéu tipe
Avès vist sis iue sa bouco
Ah ! parlen n'en de sa bouco
Avès entendu coume parlo
D'un drole de biais me sèmblo
E pièi sa lengo la couneissèn pas
De qunte païs pòu-ti bèn sourti
Segur qu'es un estrangié
Sabès un d'aquéli païs dóu bout dóu mounde
Un païs ounte li gènt manjon li pichot
Acò m'estouno pas
Amé touto aquelo estrangeiraio qu'avèn
Noun mai regardas un pau 'cò
Avès vist coume es vesti
Sèmblo de pèu de bestiàri
Segur que coucho amé li porc
Quau saup belèu que si rèire
Èron coupa 'mé lou ferun
Ause meme pas m'aproucha d'éu
Rèn que de pensa à l'óudour
Té me douno envejo de raca
Alor dequé fasèn
Prenèn lou bastoun la tricasso
Anan ié manda quàuqui bon bacèu
Segur qu'acò ié fara de bèn
Quàuqui cop de trico
Mai que sias trop brave
Anen pulèu lou sagata
Acò sara bèn fa
Perqué 'cò coumenço de bèn faire
Noun mai anan pas se leissa faire
Té se lou fasian rousti se lou fasian coire
Qunto bono idèio !
Anen zóu ! perden ges de tèms !
Anen sagata lou marrit marco-mau

LOU MARRIT CARMENTRAN

À peno levado tre lou matin
La vaqui que bramo coume un porc malaut
I'a tant de travai que l'espèro
E lou manja à prepara pèr la journado
E la bugado que fau faire un cop de mai
E lou marcat e li coumessioun
Que i'a pus rèn pèr manja
E cò coutùnio tout lou jour
Li pichot que fan que de bestiso
Li vesin qu'an barra lou camin
Lou gau que fai que canta tout lou jour
Pièi en bèn carculant
Dequé poudra mai trouba
Ah segur lou fatour que sara de-segur en retard
Lou pan dóu boulangié que sara trop cue
La viando dóu bouchié que sèmblo de semello de soulié
E que aro i'a plus rèn de bon
Mai lou pire es l'ome
L'ome qu'es encoro en trin de dourmi
Que devrié èstre leva despièi un tros de tèms
Qu'èi toujour esta ansin
Valènt-à-dire despièi milo an que soun marida
Urousamen qu'elo lou vièi carmentran es aqui
E patin e coufin
Un cop de mai un cop vuei un cop deman
Alor l'ome
L'ome que counèis lou discours despièi toujour
Barro sis auriho e garço lou camp
Pèr un moumenet mai éu saup
Que l'espèro encaro e que perdra rèn pèr espera
Lou marrit carmentran que reno
Que reno despièi toujour darrié soun esquino
À peno levado tre lou matin

LOU MARRIT PANTAI

Lou chin japo dins la niue
Li nivo se fan tout negre
Quàuqui tron fan si petarrado
La vièio cato fai si ratamiaou
Segur qu'acò sèmblo la fin dóu mounde
Lou diable aguso de-segur soun grand coutèu
E si demoun danson coume de niais
Li suço-sang sorton de si cros
La damo blanco se permeno sus la routo
De-segur l'infèr preparo sa revoulucioun
Escoutas bràvi gènt
Escoutas lou marrit cant de mort
Fasès tóuti lou signe de la crous
E de gros poutoun à vòsti femo
Vòstis enfant
Vòsti vesin vòsti cousin
Queste cop ié sian
Ié sian à la fin di tèms
Que meme acò èro marca dins lou grand libre
Dins lou grand libre dis ome e de soun couiounige
Aquéu que barrulo despièi de milié d'an
Despièi lou coumençamen di tèms
Acò's bèn fa pèr vautre bando de darnagas que sias
Subran lou reviho-matin sono
Té èro qu'un marrit pantai
La fin dóu mounde acò sara pèr lou cop que vèn
E quau saup sara belèu pas un pantai

LOU MARRIT VOULCAN

Subran lou voulcan
Vèn de se metre en coulèro
E lou mounde se fai sabouna
D'en proumié i'a lis avioun que podon plus voula
Alor de segur li vouiajaire rèston tanca au sòu
Lis afaire lou coumerce marchon plus
Li presidènt li menistre li grand dóu mounde
Soun óubliga de resta au siéu
La terro s'arrestara pas de vira pèr acò
I'a tambèn li banquié li marchand
Que plouron tóuti pèr si sòu
Si pàuri sòu que s'esvalisson coume de fum
Fau pas trop se faire de marrit sang pèr éli
N'en recamparan d'autre
I'a li touriste que rounguignon
Que soun barra dins sis hotel
Coume dins de presoun de póusso
Belèu qu'aurien degu resta dins sis oustau
Fin-finalo aquéu marrit voulcan
Fai ço que i'agrado fai ço que vòu
E chascun espèro que s'endorme
Mai éu ris e se regalo
Té bando de darnagas que sias
Encaro un pau de tubado
Té encaro un pau de fum
E zóu encaro un nivo tout negre
Mai quouro acò s'arrestara
E dins un caire dóu mounde
Escoundu dins uno branco
I'a un aucèu que ris tout soulet
Ris de vèire lou marrit voulcan
Lou marrit voulcan que fai si trin
Soulet contro tóuti lis ome de la terro

LOU MAU DE TÈSTO

Un ome es asseta à n-uno taulo
Se tèn la tèsto que ié fai mau
Pren un cachié un autre cachié pièi encaro un autre cachié
Alor ié demande subran ço que i'arribo
matin
A regarda la televisioun
A vist de guerro e de tarrabast
De catastrofo de touto meno
Me dis tambèn qu'a escouta la radiò
Aqui tambèn a entendu que de malur
Pièi me fai vèire soun journau
E zóu aqui mai de prendre un cachié
Ié dise alor qu'èi pas amé de cachié que vai chanja lou
mounde
Que lou mounde fau lou prendre ansin
Qu'èi parié despièi la creacioun
Que res ié pòu rèn
Que n'en fau prendre soun partit
Me dis alor que tout acò lou saup
Tout acò lou saup e lou vèi tóuti li matin
Alor se lèvo vèi uno autò qu'arribo
Quouro l'autò èi à coustat d'éu
Se jito souto si rodo e l'autò l'escracho
E iéu me dise subran
Té a pas fini soun tube de cachié

LOU MESSOURGUIÉ

Duerb sa bouco lou matin
Duerb sa bouco la serado
E dequé n'en sort
Poudès ié perpensa tant que voulès
Assajas un pau de devina
De messorgo
Rèn que de messorgo vous dise
Li milioun de sòu qu'a gagna dins la journado
Li pus bèlli chato dóu cantoun que l'an poutouneja
Sis enfant
Tóuti li proumié dins sa classo
Sa chato
La pus bello de touto la vilo
Soun drole
Lou drole lou mai inteligènt que se posque trouba
Sa femo
La pus bello la pus travaiarello la mai caudeto
Dins tout lou despartamen
E vous dise pas lou reste
Lou cousin qu'es lou cousin dóu presidènt de la republico
La tanto qu'a marida lou direitour de la pus grando banco dóu país
E si rèire qu'an gagna li crousado à-n-éli soulet
E sa memèi qu'es la plus grando cousiniero de toustèms
E soun pepèi qu'a gagna la Grando Guerro tout soulet
E soun oustau qu'èi lou pus bèu de touto la regioun
Soun oustau qu'a fa éu tout soulet sènso res
E patin e coufin escoutas-lou
Alor chascun viro la tèsto pèr pas que se vegue
E chascun ris e chascun se garço d'éu
Éu l'esbroufaire
Éu lou marrit messourguié
Lou marrit messourguié de toustèms

LOU PAPAGAI

Lou papagai vèn de s'escapa de sa gàbi
E tout à n-un-cop coumenço de desbarja
E parlo que parlaras
Èi parti e res pòu plus l'arresta
E de soun marrit bè de ferre
Li mot e li gros mot s'envan d'en pau pertout dins la vilo
Aquéu cournachas raconto tout
L'ome que s'envèn dins l'oustau
Quouro i'a pus res quouro lou mèstre es parti
Li mot dis un dins la bouco dis autre
Lou vesin qu'es un bon-pèr-rèn
La vesino que sèmblo un gros tounèu de vinasso
La bello-sorre qu'amo que li sòu
Lou cousin de Carpentras qu'es qu'un marrit voulur
L'ouncle d'Avignoun qu'es qu'un gros gusas
E l'especié que vènd que de liéume pourri
E lou présidènt de la republico qu'es bon qu'amé la lengo
Pièi lou papagai s'arrèsto un moumenet
Béu un got s'alisco li plumo se miro dins lou mirau
E zóu lou vaqui mai
Alor subran lou mounde entié èi dins la memo saco
Li blanc li negre li rouge li coumunisto
Li curat l'evesque e tout lou sanclame
Pèr pus l'entendre quaucun ié mando un bacèu
Mai lou papagai s'escapo s'envai un pau pus aut e parlo encaro
E 'cò duro tres jour tres niue
À la fin coumpletamen escranca
S'escrolo au sòu e regardo pèr la fenèstro
E de sa fenèstro dequé vèi lou papagai
Lou mounde entié que se garrouio
E que se garrouio pèr dequé
Que se garrouio encauso d'éu
Éu l'aucèu de tóuti li coulour amé soun marrit parla
Soun parla d'ome e de papagai

LOU PICATAS

Davans moun oustau
I'a un bel arbre vert
E dins quel arbre vert
I'a un picatas que fai que de pica
E pico que picaras
Acò fai un brave moumen que duro
Fai un grand trau dins l'aubre
Un trau pèr faire soun nis
Alor pico tant que pòu lou brave aucèu
L'aubre èi dur e la rusco èi duro
Éu belèu tambèn pense
En tóuti quélis bràvis ome
Que coume éu picon tant que podon
Pèr faire soun nis
Soun nis d'ome
Ounte fara bon viéure
Pèr uno femo e de pichot si pichot
Que saran tóuti countènt d'èstre à la sousto
À la sousto dóu bisas e de la fre
Esperant lou retour dóu brave picatas
Un picatas amé un cors d'ome
Un cors d'ome amé d'idèio d'aucèu
Mai éu se n'en garço bèn
D'aquéli marrits aucèu uman
Que soun bon que pèr manda
Quàuqui bons cop de fusiéu à l'auceliho
Contro si fraire dins lis aubre
Alor davans moun oustau
Dedins lou bel arbre vert
Lou picatas coutinuio de pica
Alor pico tant que pos
E pico que picaras moun brave picatas
L'arbre èi dur e la rusco èi duro
Pèr tóuti li picatas de noste paure mounde
E subre-tout pèr tu picatas moun fraire

LOU VIÈI COULÈGO

Té o couquinassas de sort
Acò fai un brave moumen que s'erian pas vist
Belèu quàuquis annado quau saup
Mai trobe qu'as pas trop chanja
Iéu noun plus ah bé tant miés
Lou darrié cop que s'erian vist
Èi... èi... té me n'en rapeleplus
Belèu que fasèn sèmblant de pas vèire quéli marrìdi rido
Quéli vièis iue que parpelèjon
E quélis esquino giblado souto lou pés dis an
Mai te portes bèn capounas de capounas
As l'èr gaiardas que n'en pos plus
Té siés lou meme qu'ai couneigu d'à passa tèms
E ta femo e ti pichot e ti vesin
E barjaco que barjacaras
Avèn tant de causo de se dire
Despièi lou tèms que s'erian pas vist
E pièi tout a chanja
Li burèu li carriero lou païs
E subre-tout la Prouvènço
Li gènt li jouine li femo
À iéu me sèmblo que tout vai de guingoi
Que tout vai de traviolo
Deque vos moun brave èi ansin aro
Te rapeles d'aquéu te rapeles d'aquelo
E zóu sian mai parti
Ansin passo lou tèms ansin passon li gènt
Tou-aro restaran qui quàuqui vièi souveni
Pièi meme li souveni s'enanaran
Alor la vido s'ennanara coume s'envai lou tèms
Vaqui ço que penson
Dous coulègo que barjacon
Dous coulègo que s'èron pas vist despièi de tèms
O couquinassas de sort te dise
Acò fai un brave moumen

LOU VIÈI OUSTAU

Dins lou vièi oustau
I'a de marrit glàri que se proumènon
La memèi que repepio au caire dóu fiò
Lou chinas que boulègo la coua
La soupo que bouis dins la marmito
Lou nene que rounguigno dins soun bres
Li vesin qu'arribon pèr la vihado
Li discours eternau sus lou tèms
Sus li regordo sus la plueio o lou soulèu
Fin-finalo sus la vido que vai soun camin
Pièi subran arribo la bagnolo
La bagnolo dis estrangié dóu nord
Vengu pèr quàuqui jour d'estiéu
Amé soun parla d'estrangié
Amé si maniero d'estrangié
Amé si tèsto d'estrangié
Alor li glàri subran disparèisson
Tóuti s'envan pus liuen
Vers li rèire d'à passa tèms
Eilabas au cemènteri dóu vièi vilage
Alor lou vièi oustau se mèt de brama
Coume un gros porc malaut
Pièi mando de cop en tóuti si muraio
E pico que picaras
E subran lou vièi oustau s'escroulo en plen
E en plaço dóu vièi oustau
I'a pus qu'un geos moulounas de caiau
De caiau que parlon di jour d'à passa tèms
Di jour tout nóu dóu vièi oustalas

MARRIT BISAS

Marrit bisas que boufo
Boufo que boufaras
Boufo pèr empourta lou marridige
Boufo pèr empourta li crid dis ome de la terro
Li crid de doulour de toustèms
Boufo aqui boufo eilabas
De l'autre coustat de la mountagno
Eilabas à l'autre bout dóu mounde
Pèr que tóuti t'entèndon
Tu e toun boufaras de gigant
Boufo e boufo encaro coume un malaut
Boufo e reboufo
As encaro d'obro
Vuei e deman e tout lou tèms que s'envèn
Emporto lo parla di bramaire
Emporto lou marrit paroli
De nautre tóutis lis inuman de la terro
E quouro auras proun boufa
Calo e regardo ço que rèsto
Pauso-te un moumenet
Pièi recoumenço
Vuei deman e toujour
Tu lou marrit bisas que boufo
Vai-ié fai-te plesi
Boufo que boufaras tu lou marrit bisas

MARRIT PICHOT PASSEROUN

Maarit pichot passeroun
Passes toun tèms à barrula
D'un coustat de l'autre
Dins la vilo
Dins li marrit campas
Souto lou soulèu o lou bisas d'ivèr
E barrulo que barrularas
Segur que n'as vist de causo
Sus la terro dis ome e di bestiàri
E se toun pichot bè poudié tout counta
E bé crese que sariés pire que lou papagai
E se ta pichoto tèsto amé toun pichot cervèu
Poudié subran ressourti
Tóuti quélis imajo visto
Acò e d'acò n'en siéu segur
Aurian lou pus bèu filme jamai vist
Mai tu te n'en garces pas mau
Prederes barrula d'en pau pertout
As bèn resoun brave aucèu
Alor canto que cantaras
Barrulo que barrularas
Marrit pichot passeroun
Marrit pichot passeroun moun ami

MOUSSU TARTAMPIOUN

Moussu Tartampioun es un grand saberu
Saup e saup tout
La coulour e lou noum de tóuti li flour
Li kiloumetre e li distànci
Li noum de tóuti li païs dóu mounde
A legi tóuti li libre de la terro
A estudia tóuti li sciènci
Naturallo esperimentalo
Counèis tout de soun ourdinatour
A fa tout lou tour de noste terro
Aquéu brave ome saup tóuti li lengo
Li mouderno lis anciano
Lou gre lou latin l'aleman l'espagnòu
Lou rùssi lou chinés e tout lou sanclàme
A barrula d'en pau pertout
Tèms en tèms mounto dins sa fusado
E zóu lou vaqui parti
Eilabas de l'autre coustat de l'univers
Mounte lis ome de la terro goubernon plus
De cop que i'a quouro lou pren
Garço lou camp pèr uno miejo
Uno miejo eilabas de l'autre coustat de la planeto
Ah qunte ome meravihous dóu siecle vint-cinq
Fau vous dire tambèn bràvi gènt
Qu'en plaço de tèsto
Moussu Tartampioun a un ourdinatour
E pièi soun cors tout soun cors
Èi un robo amé de fiéu d'en pertout
Té lou vaqui que passo
Moussu Tartampioun lou grand saberu
Lou grand saberu de l'an 2500
2500 après la fin dóu vièi mounde
Mai tout acò èi qu'un pantai
Regarde lou calendié
Sian bèn en l'an 2

QUAN SARAI BÈN VIÈI

Quand sarai bèn vièi
Quand moun paure cors sara coumpletamen escranca
Que mis iue parpelejaran mai que de necite
E que repepiarai coume un malaut
Alor regardarai lou soulèu la luno li nivo
Regardarai davans iéu lou pau de tèms que me rèsto
Regardarai darrié tout lou tèms esvali
Regardarai lou mounde se chamaia un cop de mai
Regardarai lis enfant e lis enviarai
Pensarai en tout ço que lis espèro
Regretarai de-segur tant de printèms ennana
Mi mau-de-tèsto mi cambo d'à passa tèms
De-segur tambèn lou marrit voun-voun de la vilo
Lou chut-chut di sorgo desvalant di mountagno
Mesclarai dins mi pantai li jour de galèro
Li jour de plueio e de marrit bisas
L'ivèr quéu marrit carmentran
L'estiéu d'infèr amé soun fiò dóu tron de mile
Mai zóu me dirai encaro un cop
I 'anen encaro un cop
I'anen encaro un cop de mai vers quéli bestiàri
Quélis ome quéli femo que rounguignon coume de porc malaut
Pièi prendrai l'eternau camin vers li camp d'Alis
Mounte m'espèro la garço amé sa daio
Pèr moun darrié som à l'oumbre dis auciprès
Mai deque dise couiounas que siéu
Avèn bèn lou tèms de mouri
Avèn bèn lou tèms de s'esbigna
Anen zóu prenen noste bastoun
E countinuan encaro un pau
Proufichan dóu bèu tèms de vuei
Que sian pancaro trop vièi
Pas trop vièi pèr lou moumen
Dins queste siecle nouvèu que vèn d'espeli

SUS LA TÉLARAGNO

Boudiéu que d'afaire sus la telaragno !
Té ! N'en vos n'en vaqui !
As besoun de que que siegue
D'infourmacioun de touto meno
Té n'en vaqui
E cerco que cercaras
As qu'à de pica qui e pièi qui
Vos de bihèt de camin de ferre
Vos parti barrula en avioun
Zóu un cop sus la telatagno
Té vos marrida
Cerques un coumpan uno coumpagno
Se li pòu trouba eisat
Té parèi meme que s'ié pòu trouba
À ço que se dis De milioun d'ami
Pos meme acò se dis tambèn
Que s'ié pòu trouba chabènço
Èi-ti pas bèu tout acò
Alor pense en tóuti quéli malurous
Quéli malurous d'à passa tèms
Quéli qu'avien ges de telaragno
Agué viscu de milié d'annado sènso telaragno
Sènso telefoune pourtable
Sènso cinq cinquanto cadeno de televisioun
O malurous rèire o malurous ome
O malurous ome malerouso femo malurous pichot
Mai digo-me moun brave
Sus la telaragno sus questo meravihouso telaragno
Se pòu-ti tambèn ié trouba l'imourtalita
Espèro espèro un moumenet
Sian en trin de cerca mai
Te respoundrai dins quàuquis annado
Mai pèr aro mai pèr lou moumen
Boudiéu ! Que d'afaire sus la telaragno !
Té ! N'en vos n'en vaqui !

TRENTO AN

Trento an
Plus ges de travai
Lou countrat sara plus recoundu
Mai deque t'imaginaves especie de gusas
Qu'acò poudrié dura encaro des an vint an trento an
Belèu que cresiés que poudrié encaro plòure de crepèu
Enjusco à la fin de ta vido
Que nànni moun bèu
Tre deman faras coume lis autre
Lis anouncio dins li jouirnau
L'Agènci pèr l'implé
D'ouro e d'ouro à espera
Te siés pas regarda belèu especie de nèsci
Coumences de te faire vièi
N'i a cinquanto qu'espèron ta plaço
De jouine que sorton dis escolo
De jouine qu'an de diplomo
De diplomo à plus saupre deque n'en faire
Que se faran un plesi de te bouta en-deforo
Cadun pèr se moun bèu e Diéu pèr tóuti
Té mou brave coume iéu tambèn siéu brave
Vau te prepausa quaucarèn
Se vos i'a uno plaço que t'espèro
Mai te lou dise coume acò
Es eilabas à l'autre bout dóu mounde
Meme s'acò t'agrado pas fagues pas lou despichous
N'i'a forço que sarien countènt
Countènt d'èstre à ta plaço
Bon estènt qu'èi ansin
Te laisse te despatouia
Noun mai de cop que i'a
Deque t'imaginaves
As de chanço pamens
D'agué trento an
Meme sènso travai

TAULO DI POUÈMO

À la fin de l'annado	P11
À l'intrado de l'espitau	P12
Au lotò	P13
Au marcat di ravan	P14
Au recitamen de pouësìo	P15
Coume au tiatre	P16
Defila	P17
Dins la cour de l'escolo	P18
Dins li carriero	P19
Èro bèn	P20
La fresquiero	P21
La marrido fre	P22
La nèu	P23
La ratamiaulo	P24
La vièio femo amé si cat	P25
Li marrìdi garrouio de toustèms	P26
Li bagnolo	P27
Li chivau	P28
Li dardeno	P29
Li fèsto soun acabado	P30
Li retreta	P31
Li trin	P32
Lis escoulan	P33
Lis ome que fan de musico	P34
L'ome e lou mirau	P35
L'ome que cour	P36
L'ome que desbarjo	P37
L'ome que trantraio	P38
Lou rèi dóu païs sóuvaje	P39
Lou badaire	P40
Lou barrulaire dins sa tèsto	P41
Lou chin bastard	P42
Lou chin que japo	P43
Lou fuietoun à la televisioun	P44

Lou marco-mau	P45
Lou marrit carmentran	P46
Lou marrit pantai	P47
Lou marrit voulcan	P48
Lou mau-de-tèsto	P49
Lou messourguié	P50
Lou papagai	P51
Lou picatas	P52
Lou vièi coulègo	P53
Lou vièi oustau	P54
Lou marrit bisas	P55
Marrit pichot passeroun	P56
Moussu Tartampioun	P57
Quand sarai bèn vièi	P58
Sus la telaragno	P59
Trento an	P60

Imprimé en France par Lulu.com
Dépôt légal : mai 2018

www.ingramcontent.com/pod-product-compliance
Lightning Source LLC
Chambersburg PA
CBHW071407040426
42444CB00009B/2138